A mis hermanos: Carlie, Quico, Richard, Julio, Goguie, Isa y Tere, con quienes es tan fácil reír.
G. L.

© 2024, Vista Higher Learning, Inc.
500 Boylston Street, Suite 620
Boston, MA 02116-3736
www.vistahigherlearning.com
www.loqueleo.com/us

© Del texto: 2013, Georgina Lázaro

Dirección Creativa: José A. Blanco
Vicedirector Ejecutivo y Gerente General, K–12: Vincent Grosso
Desarrollo Editorial: Salwa Lacayo, Lisset López, Isabel C. Mendoza
Diseño: Radoslav Mateev, Gabriel Noreña, Andrés Vanegas, Manuela Zapata
Coordinación del proyecto: Karys Acosta, Tiffany Kayes
Derechos: Jorgensen Fernandez, Annie Pickert Fuller, Kristine Janssens
Producción: Thomas Casallas, Oscar Díez, Sebastián Díez, Andrés Escobar,
 Adriana Jaramillo, Daniel Lopera, Daniela Peláez
Ilustraciones: Lwillys Tafur

Dos amigos: la relación simbiótica entre el ratel y el pájaro de la miel
ISBN: 978-1-66991-366-5

Printed in the United States of America

1 2 3 4 5 6 7 8 9 GP 29 28 27 26 25 24

La relación simbiótica entre el ratel y el pájaro de la miel

Dos amigos

Georgina Lázaro

Ilustraciones de **Lwillys Tafur**

VISTA

Hoy he visto algo
que quiero contarte.
Siempre es más sabroso
lo que se comparte.

Sucede a menudo
aquí donde vivo.
Ahora te lo explico
si vienes conmigo.

En este diverso
y viejo continente,
viven dos amigos
muy, muy diferentes.

Uno, un pajarito
delicado y frágil,
de plumaje simple
y de vuelo ágil.

Criatura del día,
del aire y las flores;
rodeada de luces,
aromas, colores.

Recorre los campos
vestidos de gala.
Vuela por los aires
batiendo sus alas.

Su mirada busca
por todo el vergel
lo que más le gusta:
la dorada miel.

Y como si el mundo
fuera un gran jardín,
entona su canto
con voz de violín.

El otro, el ratel,
criatura nocturna,
se esconde en las sombras;
habita en penumbras.

En su madriguera,
debajo del suelo,
vive solitario,
sin la luz del cielo.

Es robusto, osado,
voraz, poderoso,
rápido, valiente,
ágil, musculoso.

Como el charol brilla
su piel de carbón,
y en sus dos ojitos
se asoma un dragón.

Le gusta comer
frutas y raíces,
pájaros y huevos,
plantas y lombrices.

Le gustan las bayas
y hasta los insectos,
pero los reptiles
son sus predilectos.

Con su dentadura
afilada y fuerte,
todo lo desgarra,
lo tritura o muerde.

No hay nada que escape
su enorme apetito.
Se lo come todo,
sea grande o chiquito.

Mas nada le brinda
un mayor placer
que el dulce y gustoso
sabor de la miel.

Es lo que los une;
(¡seres tan dispares!)
la miel pegajosa,
cristalina y suave.

Néctar de las flores,
magia de la vida,
luz aprisionada,
potencia dormida.

Por la miel se juntan
seres tan distintos.
Se buscan, se encuentran
casi por instinto.

Cuando el pajarito
descubre un panal,
buscando a su amigo
le envía una señal.

Con su canto claro
parece decir:
"Allí está la miel,
la miel está allí".

El ratel se sale
de su madriguera
y escuchando el canto
cruza la pradera.

Con pies en la tierra
persigue el ratel
el grito en el cielo
del ave de miel.

El pájaro espera,
se posa, lo llama:
"Allí está la miel",
y vuela a otra rama.

Con su cola arqueada,
el ratel lo sigue.
Sus ojos pequeños
al ave persiguen.

Siseando contesta.
¡Qué bello sonido!
Un amigo llama;
responde un amigo.

Belleza, armonía;
un canto sonoro.
Van los dos amigos
buscando el tesoro.

Audacia, poder,
gracia, gentileza.
Van los dos amigos
detrás de la presa.

Frente a la colmena,
el ave se aleja;
le gusta la miel,
teme a las abejas.

El ratel se acerca
veloz, decidido.
Y las abejitas
escapan del nido.

Van despavoridas.
Huyen por docenas.
Un zumbido negro
deja la colmena.

El ratel la rompe
con sus cortas patas
y escucha el final
de la serenata.

Expone el panal.
¡Abierto el paquete!
Y los dos amigos
gozan del banquete.

Con su largo hocico
se come, el ratel,
algún gusanillo
y la rica miel.

El pájaro, entonces,
cual pequeña fiera,
se come las larvas,
la miel y la cera.

Cuando ya no queda
nada que comer,
alza el vuelo el ave,
se aleja el ratel.

Se van lentamente,
casi sin aliento.
Barriguita llena,
corazón contento.

¿Y sabes por qué
huyen las abejas
cuando llega al nido
la inusual pareja?

¿Por qué huyen de prisa,
sin rumbo ni idea,
en vez de atacarlos
y dar la pelea?

No es por cobardía
ni obra de un hechizo.
¿Por qué huyen entonces
de su paraíso?

La naturaleza
es primor, poesía,
misterio y asombro,
magia y fantasía.

Y también sorpresa,
ocurrencia, gracia,
agudeza, humor,
risa, broma, audacia.

Por eso el ratel,
sin hacer sonido,
se pone de espaldas
al llegar al nido.

Se acerca a la entrada
igual que un bandido,
y, al alzar la cola,
suena un estallido.

Un hedor de espanto,
una pestilencia,
sale de su cuerpo
con suma violencia.

Por eso, espantadas,
huyen las abejas,
lanzando un zumbido
como larga queja.

Como dije antes:
no todo es poesía,
la vida es también
maña y picardía.

Por si quieres saber más

Todos los animales luchan por sobrevivir. Muchos se relacionan con otros como una forma de conseguirlo. Viven en rebaños, manadas, colmenas, escuelas o bandadas, conviviendo con los de su misma especie. Sin embargo, otros saben que la mejor manera de permanecer vivos es acercándose a otro tipo de animales, a veces muy diferentes, para encontrar alimento, refugio o seguridad.

Esta asociación estrecha se conoce como *relación simbiótica.* En ella, los animales dependen uno del otro; un animal ayuda al otro a satisfacer sus necesidades. Muchas veces, ambos se benefician de la relación, como dos buenos amigos. Se unen para sacarle provecho a sus diferencias y a la vida. Los científicos llaman este tipo de relación *mutualismo.*

Este es el caso del ratel y el pájaro de la miel. Ambos viven en las praderas de África. ¡Ah, pero son tan diferentes! El ratel es un mamífero nocturno que vive en madrigueras, debajo de la tierra, mientras que el pájaro de la miel es una avecilla delicada que vuela por el aire. Por eso su relación es tan notable. Los une su gusto por la miel y la dificultad que ambos tienen para conseguirla. El pajarito puede encontrar la colmena, pero no puede abrirla. El ratel puede abrir la colmena, pero no sabe dónde está. Se unen para ayudarse uno al otro, en una bellísima relación que se parece mucho a la amistad: a veces, con una delicadeza que nos recuerda la poesía; a veces, con una maña que nos lleva a la risa.

Georgina Lázaro nació en San Juan, Puerto Rico. Estudió para ser maestra y enseñó en varios niveles hasta que se convirtió en madre y decidió quedarse en casa con sus hijos. Entonces, comenzó a escribir para niños. Varias de sus poesías y nanas se han convertido en canciones y libros. Ha recibido muchos premios y reconocimientos, entre los cuales se destacan una mención de honor del Premio Pura Belpré, en 2010, y tres menciones de honor del Premio Campoy–Ada de la Academia Norteamericana de la Lengua Española, en 2018 y 2022. En abril de 2021, el Departamento de Educación de Puerto Rico le dedicó la Semana de la Lengua.

Lwillys Tafur nació y creció en la ciudad de Barranquilla, en el Caribe colombiano. Siempre se ha interesado por la ilustración infantil. De niño, encontró inspiración en los programas de televisión animados de la década de 1990; y también se dejó influenciar por el color de su alegre ciudad natal y su famoso carnaval. De ahí que su trabajo tenga un marcado colorido. Hacer libros infantiles y contar historias son su pasión, y en la actualidad trabaja principalmente de forma digital. Cuando no está ilustrando, le gusta salir de aventuras a la playa o al río con su hijo, Nathan, y su esposa, Palito.